HISTOIRE

D'UNE GRÈVE

AU XVIᵉ SIÈCLE

LES IMPRIMEURS LYONNAIS DE 1539 A 1542

PAR

HENRI HAUSER

Maître de conférences d'histoire à la Faculté des Lettres
de Clermont-Ferrand.

———

Extrait de la *Revue Internationale de Sociologie.*
2ᵉ Année, n° 9. — Septembre 1894.

———

PARIS

V. GIARD & E. BRIÈRE

LIBRAIRES-ÉDITEURS
16, RUE SOUFFLOT, 16
—
1894

Histoire d'une grève au XVIe siècle

LES IMPRIMEURS LYONNAIS DE 1539 A 1542

Il suffit d'étudier d'un peu près l'histoire économique du xvie siècle pour se persuader que les questions dites sociales se posaient alors, sinon avec la même extension, du moins avec la même intensité et presque dans les mêmes termes que de nos jours. On se trompe quand on juge la situation des classes ouvrières sous François Ier par ce qu'on sait de ces mêmes classes au temps de saint Louis ou dans les belles années du règne de Louis XIV; on oublie qu'au milieu du xviie siècle, Colbert est venu rendre aux institutions corporatives une vie active et parfois bienfaisante, qui leur faisait complètement défaut à la fin du moyen-âge. Les travaux de M. Levasseur (1) et de M. Fagniez (2) nous ont montré qu'à cette époque les inconvénients du régime corporatif étaient devenus plus intolérables, les avantages moins appréciables que jamais. Aussi les conflits entre le capital et le travail sont-ils très fréquents et très aigus ; sous le nom de confréries, de véritables syndicats ouvriers luttent contre des syndicats de patrons ; les grèves éclatent à tout instant, et pour des motifs analogues à ceux qui les causent aujourd'hui.

Nous étudierons une de ces grèves, qui suspendit presque complètement le travail de l'imprimerie lyonnaise depuis le printemps de 1539 jusqu'à la fin de 1542. Rien ne manque à cette crise pour lui donner tout l'aspect d'une grève moderne : ni les demandes d'élévation des salaires, ni les protestations contre l'avilissement prémédité de la main-d'œuvre, ni le recours aux coalitions, ni la violation de la liberté du travail, ni l'intervention du pouvoir communal d'abord, du pouvoir central ensuite. Résumé dans une ordonnance royale du 28 décembre 1541, le récit de cette grève a été complété exclusivement avec des pièces extraites des Archives communales de Lyon : je me contenterai de commenter ces documents, sans prendre plus longtemps la peine d'établir, avec des évènements plus

----

(1) *Hist. des classes ouvrières*, t. II, p. 94 et suiv.
(2) *Études sur l'industrie...* et *Industrie sous Henri IV*. (*Rev. hist.*, t. III.)

1

voisins de nous, une comparaison qui s'imposera d'elle-même au lecteur.

I

Je ne rappelle que pour mémoire l'importance exceptionnelle de l'industrie typographique à Lyon au xvi⁰ siècle (1). Attirés par les consuls, des imprimeurs allemands y avaient introduit leur art dès le siècle précédent. Les imprimeurs lyonnais se formèrent à leur école, si bien que cette industrie était devenue, au dire du sénéchal, « un des beaux trains et manufactures de ce royaume, voire de chrétienté (2). » Le roi rappellera plus tard que Lyon a enlevé leur monopole à l'Allemagne et à Venise, et qu'« il n'y a aujourd'hui lieu en la chrétienté où il se fasse plus bel ouvrage, n'en plus de diverses sciences qu'il se fait audit Lyon, où une grande partie tant de nostre royaume qu'autres pays ou provinces étrangers se fournissent de livres ». Une pareille industrie n'avait pu se développer sans amener dans la ville un grand nombre de compagnons, très souvent venus d'au-delà des frontières, inconnus du pouvoir consulaire, souvent inconnus de leurs maîtres eux-mêmes; population turbulente dont nous trouvons la main dans toutes les émeutes qui troublent Lyon en 1519, en 1529, en 1530 (3). Ce sont ces compagnons qui, le 31 juillet 1539, comparurent devant le sénéchal pour entendre la sentence prononcée entre eux et les maîtres imprimeurs.

A cette date, ils avaient cessé le travail depuis « trois ou quatre mois en ça », ce qui reporte le début de la grève au printemps de la même année. Subitement, dans tous les ateliers à la fois, les compagnons « ont tous ensemble laissé leur besogne ». Cette simultanéité dans l'arrêt du travail était le résultat d'une entente préalable, d'une coalition ou, comme on disait alors, « d'un monopole ». Ces chômages concertés n'étaient pas chose rare, sans doute, chez les typographes lyonnais; car ils avaient créé un mot pour désigner ce que nous appellerions une grève, ils appelaient cela le *tric* (4). Organisés en une vaste confrérie, ils s'engagent, par ser-

---

(1) Voy. notamment P. Delalain, *Inventaires des marques d'imprimeurs.* Paris (Cercle de la librairie), 1892, in-4⁰, p. 86 et suiv.

(2) Voy. les pièces justificatives.

(3) Voy. Champier, Paradin, Rubys, et les Actes consulaires.

(4) *Tric*, dit le *Règlement* de 1696, p. 41, est un mot inventé par les compagnons, « pour lequel, et incontinent après la prononciation d'iceluy, ils délaissent leur ouvrage pour faire quelque débauche ».

ment, à cesser le travail dès que l'un d'entre eux croira devoir se plaindre de son maître, et à ne reprendre l'ouvrage que d'un commun accord ; quant aux récalcitrants, la confrérie se charge de les mettre à la raison. Elle a des chefs publiquement connus, puisqu'on poursuit en justice cinq compagnons qui doivent répondre tant en leur nom qu'en celui de « leurs consorts » ; elle a une « bourse commune », provenant sans doute des cotisations de ses membres, et qui sert à la fois aux banquets confraternels et à la résistance, tantôt juridique, tantôt violente, contre les maîtres. Les compagnons portent ordinairement des armes, dagues, poignards ou « bâtons invasibles », soit à l'atelier, soit dans la rue. Ils tiennent de fréquentes assemblées corporatives, tantôt dans la maison de l'un des maîtres, tantôt dans un local particulier.

Aussitôt que le mot de *tric* a été prononcé, nous les voyons procéder à des violations systématiques de la liberté du travail. Ils menacent les compagnons et apprentis qui ne veulent pas quitter l'ouvrage de « les battre et mutiler, et, en outre, de les expulser de la confrérie », et ils exécutent leurs menaces. Ils errent armés par la ville, de jour et de nuit, « vagants et comme vagabonds, » et se livrent à tous les désordres. Non seulement ils frappent les maîtres qu'ils peuvent rencontrer, mais ils poussent bientôt l'audace jusqu'à vouloir s'opposer à l'exécution de la justice et à houspiller les agents chargés de réprimer leurs violences. Le procureur du roi les accuse formellement d'avoir battu « le prévôt et les sergents jusques à mutilation et effusion de sang ».

Le *tric* est donc aggravé par une sorte d'insurrection. Ils se donnent une véritable organisation militaire, prennent des bannières et enseignes comme signes de ralliement, désignent un capitaine, des lieutenants et chefs de bandes. Ils ne marchent pas à l'aventure, mais par grosses compagnies, bien formées et bien conduites, sans doute les ouvriers d'un même atelier réunis dans une même compagnie. C'est une véritable mobilisation des forces ouvrières, et le roi remarque avec colère que les compagnons se comportent exactement « comme si étaient gens de nos guerres et ordonnances ». Cette cohésion leur donne une telle puissance que l'autorité est désarmée ; la justice a rendu contre les coupables « innumérables informations et décrets », mais il n'est pas possible de les mettre à exécution. Ils ont si souvent battu le guet que le guet n'ose plus sortir.

La situation est si grave, qu'on craint de voir l'art d'imprimerie complètement disparaître de Lyon.— Mais quelle était l'origine de cet état de choses ? C'est ce qu'on voit assez clairement dans les textes, particulièrement dans les considérants de la sentence rendue par le sénéchal ; elle nous expose les griefs des deux parties, représentées l'une par cinq compagnons nommément désignés, l'autre par dix maîtres imprimeurs, entre lesquels nous trouvons quelques-uns des noms les plus illustres de l'imprimerie lyonnaise, les Jean de Cambray, les Sébastien Gryphe, les Denys de Harcy, les Thibaud Païen, les Jacques Myt, les Macé Bonhomme, agissant, eux aussi, pour « autres leurs consorts », c'est-à-dire pour une confrérie.

Les griefs avoués par les compagnons sont au nombre de deux. Ils se plaignent : 1° de toucher des salaires insuffisants et inférieurs à ceux d'autrefois ; 2° de ne pas pouvoir travailler à leur guise. — Pour le premier point, il importe de remarquer que le salaire se composait alors de deux éléments distincts : les gages proprement dits, destinés à subvenir aux frais de logement et aux dépenses personnelles ou familiales du compagnon, et la nourriture, qui devait lui être fournie par le maître sous cette triple forme : « pain, vin et pitance. » Il paraît que c'est surtout sur ces derniers articles que les maîtres avaient cherché à réaliser des économies déshonnêtes ; nous ne pouvons guère douter que cette réclamation au moins fût parfaitement légitime, car nous verrons le sénéchal y faire droit dans une assez large mesure. — En second lieu, ils se plaignent que les maîtres ne veuillent pas leur donner de travail et leur « ouvrir les poèles et boutiques pour besogner ». Cette accusation est au premier abord assez bizarre ; on ne voit pas trop pourquoi ces chefs d'industrie auraient eux-mêmes organisé le chômage. Mais, dans leur réponse, nous trouverons une solution à cette difficulté. Il paraît que, par une particularité de caractère assez souvent remarquée chez les ouvriers appartenant à une industrie qui exige un certain développement intellectuel, les typographes lyonnais étaient des travailleurs quelque peu fantaisistes, et, pour tout dire, des amateurs. Ils auraient voulu pouvoir travailler à leurs heures, à leurs jours, quand le cœur leur disait. Il était impossible, par exemple, d'exiger d'eux qu'ils achevassent leur journée les veilles de fêtes ; par contre, il leur arrivait de vouloir se faire ouvrir l'atelier les jours fériés pour terminer la besogne qu'ils avaient laissée en train.

A ces deux griefs s'en ajoutait un troisième que les ouvriers ne semblent pas avoir présenté devant le tribunal, mais qui n'en avait pas moins été l'une des causes déterminantes du *tric* : c'est la question de l'apprentissage. Les anciennes régles du système corporatif étaient si bien tombées en désuétude que les maîtres introduisaient dans les ateliers un nombre croissant d'apprentis, qu'ils employaient aux travaux de tout ordre, faisant ainsi une forte concurrence au travail adulte. La colère des compagnons se manifestait par des menaces et des coups adressés à ces enfants, par des entraves mises à leur travail, finalement par la désertion des « poêles ».

Les patrons se défendent fort habilement. Ils commencent par insinuer — ce qui était peut-être un peu vrai — que les ouvriers sont menés par une minorité violente; beaucoup d'entre eux « voudraient faire leur devoir et besogner », mais ils n'osent pas, de peur d'être mis à l'index par la confrérie. D'une façon générale, leur travail est beaucoup trop irrégulier; ils ne veulent pas travailler à la tâche, mais à la journée, ce qui rend presque impossible la pratique d'une industrie où les travaux commencés doivent être continués sans interruption jusqu'à leur entier achèvement; « ils veulent faire la fête d'ung jour ouvrier et besogner aux jours de fêtes »; mariages, baptêmes, enterrements, tout leur est prétexte à chômage; enfin, pour les griefs les plus futiles, il suffit que l'un d'entre eux laisse l'ouvrage pour qu'ils fassent un *tric*. Dans de pareilles conditions, la situation des chefs d'industrie n'offre aucune stabilité.

Sur la question des salaires, les maîtres répondent aux plaintes des compagnons par une proposition assez curieuse. Ils prétendent qu'il y a dans leurs ateliers des individus qu'on ne peut absolument pas « contenter de nourriture ». Aussi demandent-ils à renoncer au système alors en vigueur pour adopter celui qui a prévalu depuis, c'est-à-dire relever les gages et laisser les ouvriers se nourrir à leurs dépens. Nous savons même ce qu'ils offraient à une catégorie d'ouvriers, aux compositeurs : 6 sols 6 deniers tournois par journée de travail. — Au lieu de donner de cette somme une évaluation plus ou moins conjecturale, il nous paraît plus sûr de rechercher quel était alors, à Lyon, son pouvoir d'achat. Plusieurs écrivains lyonnais contemporains nous disent que le prix moyen du blé était, dans la première partie du siècle, de 10 sous tournois le bichet, c'est-à-dire une mesure pesant un peu plus de 60 livres (1). Le salaire du compo-

---

(1) Champier, *la Rebaine*, etc. (Cimber, t. II), p. 63 et suiv. — Paradin, *Mém. de Lyon*, p. 281 et suiv.

siteur aurait donc atteint une somme échangeable contre 20 kil. de blé environ. Or, si même le prix moyen du blé était aujourd'hui fixé, suivant le vœu de la commission des douanes, à 25 fr. les 100 kil., 20 kil. de blé pourraient s'échanger contre 5 fr. ; c'est donc à une somme équivalente à un salaire *actuel* de 5 francs par jour au maximum que correspondent les 6 sous 6 deniers offerts aux compositeurs. Ce n'est pas là, on l'avouera, un très fort salaire, surtout si l'on songe qu'il est ici question des ouvriers qui devaient toucher les plus hautes payes. En outre, ce prétendu prix moyen de 10 sous ne nous est indiqué comme tel que par des historiens appartenant au parti consulaire, et ne repose sur aucune donnée statistique ; on ne nous cite jamais un moment du xvi⁰ siècle où le prix réel ait été inférieur à 8 sous ; par contre, nous connaissons des années où le bichet s'est vendu à Lyon 25 et 26 sols, et même, en 1531, il est monté au prix de 50 ou de 60 ; en 1529, nous voyons que c'est par une mesure de faveur qu'on en distribue au peuple au prix de 16 sols. Nous avons donc de bonnes raisons pour n'accepter que sous bénéfice d'inventaire le prix de 10 sous, et pour trouver assez maigre le salaire offert aux compositeurs.

Dans ces conditions, il n'est pas surprenant que les compagnons aient refusé d'accepter la combinaison proposée par les maîtres. Ils donnent de leur refus des raisons singulières, d'où il ressort, semble-t-il, qu'ils préféraient en principe le système que nous appellerions des économats au versement intégral du salaire : les conditions particulières de leur industrie les obligent, disent-ils, « à vivre ensemble en la maison du maître ». S'ils allaient manger chez eux ou à la taverne, il ne leur serait guère possible de se trouver tous à l'atelier à la même heure ; et il suffit que l'un d'eux soit absent pour que les autres ne puissent commencer la tâche. A cette raison, ils en ajoutent une autre, d'ordre purement moral, et fort jolie : « Si leur serait donné occasion d'eux débaucher, allant ainsi vivre par tavernes ». Que répondre à de pareils arguments ?

L'une des raisons qui devaient pousser le sénéchal à rendre sans retard sa sentence, c'est que le *tric* avait eu pour premier effet de réduire à la misère les compagnons imprimeurs. Ils n'avaient pas, paraît-il, de fonds de grève, leur permettant d'attendre la reprise du travail, et la « bourse » de la confrérie était sans doute tout juste

---

(1) Paradin, *op. cit.* p. 285-296.

suffisante à couvrir les frais du procès. Aussi les femmes et enfants des compagnons étaient-ils tombés à la charge de la *grande aumône*. On appelait de ce nom une institution modèle, une véritable Assistance publique, créée par la générosité de la bourgeoisie lyonnaise à la suite de la famine de 1531 (1). Mais si riche que fût le bureau de l'Aumône, il ne pouvait subvenir pendant plus de quatre mois à tous les besoins d'une population ouvrière qui devait être très nombreuse. Aussi les « recteurs » de l'Aumône sont-ils venus déclarer que leurs ressources sont sur le point d'être épuisées.

Le sénéchal rendit enfin sa sentence, le 31 juillet. Contre les ouvriers il prononce l'interdiction des réunions de plus de cinq personnes, supprime le droit de coalition et le droit de grève, sous peine de bannissement et d'amendes arbitraires. Il condamne expressément le port d'armes, toutes les entraves à la liberté du travail, et en particulier les menaces contre les apprentis. Il sera loisible aux maîtres de prendre et de faire travailler « autant d'apprentis que bon leur semblera » et, eux seuls auront le droit de les corriger. On punit de même toute excitation à cesser le travail.

C'est seulement sur la question des salaires que les compagnons obtiennent en partie satisfaction. Le sénéchal maintient, à côté du salaire-argent, le salaire-nourriture, et il admet que les patrons ont abusivement restreint la valeur de ce dernier (2), car il déclare que l'on devra fournir aux compagnons, à chacun suivant son rang, « pain, vin et pitance, eu regard à ce qu'on leur fournissait auparavant cinq ou six ans dernièrement passés », et sans avoir regard aux usages qui ont été suivis depuis 1534 ou 1535. Il sent si bien que les patrons sont très capables de ne pas revenir sur ce point aux coutumes anciennes, qu'il institue une espèce d'inspection d'aliments : toutes les contestations sur la nourriture seront examinées par le bureau de l'Aumône, qui devra en référer à justice.

A ce jugement proprement dit est annexé un véritable règlement d'atelier. Le principe qui le domine est le suivant : tout travail commencé doit être terminé, sans interruption, par les mêmes ouvriers : 1° Les compagnons ne peuvent quitter leur tâche, individuellement ou collectivement, sous peine de payer au maître et la forme qu'ils

---

(1) Paradin *op. cit.*, p. 285-296.

(2) A moins que ce texte ne veuille dire, tout au contraire, que les exigences des ouvriers sont devenues intolérables depuis cinq ans et qu'il faut les ramener à la sobriété ancienne (?) Voy. p. 18.

auront fait perdre et la valeur des journées de chômage. — 2° Inversement, dès que « la presse » est commencée, les maîtres leur doivent leurs salaires jusqu'à entier achèvement de la besogne, et ne peuvent les renvoyer que s'ils ne font pas leur devoir. — 3° Les maîtres peuvent remplacer l'ouvrier qui tombe malade en cours d'œuvre, et par qui bon leur semble. On ne songe même pas à dire, mais il est évident, qu'il ne paye au malade que les journées pendant lesquelles il a effectivement travaillé. — 4° En cas de hâte dans l'exécution d'une commande, le maître peut adjoindre aux ouvriers déjà chargés de cette commande d'autres ouvriers, à qui il distribuera une partie du travail, sans que les compagnons puissent s'en plaindre et en tirer prétexte pour quitter l'atelier. — 5° Il est interdit de travailler les jours de fête, et de cesser le travail plus tôt qu'à l'ordinaire les veilles de fêtes. — 6° En dehors des fêtes, il n'y aura chômage que pour la mort du maître ou de sa femme.

Il n'est pas difficile de voir que le représentant de la justice royale favorise les maîtres. La violation du contrat de travail est punie, lorsqu'elle est commise par les ouvriers, de peines pécuniaires et corporelles qui peuvent aller jusqu'au bannissement. Et cependant il est loisible aux maîtres de modifier arbitrairement les conditions du travail, soit en augmentant le nombre des apprentis, soit même en introduisant dans l'usine de nouveaux ouvriers. Or, si l'un des éléments du salaire, la nourriture, est juridiquement fixé, on ne voit point qu'on édicte un minimum pour le salaire-argent, qui continue sans doute à être régi par la loi de l'offre et de la demande (1) (S'il en eût été autrement, on ne comprendrait pas pourquoi les ouvriers continuent à protester contre le nombre des apprentis). Le droit de coalition est retiré aux compagnons, tandis qu'on ne supprime nullement la confrérie patronale. Aucune garantie n'est accordée à l'ouvrier malade, et on porte gravement atteinte à la solidarité qui liait alors très étroitement entre eux les compagnons d'une même corporation, puisqu'on leur retire le droit même de suivre le convoi de l'un d'entre eux.

II

Cet ensemble de dispositions parut au sénéchal si difficile à réaliser, qu'aussitôt après avoir rendu la sentence il en suspendit l'exécu-

---

(1) On invoque ici aussi la coutume ancienne, mais sans instituer une surveillance comme pour les aliments.

tion et soumit l'affaire au Conseil privé. La réponse ne se fit pas longtemps attendre, car les « lettres royaulx » furent signées « par le roy en son conseil » le 21 août 1539. — Le pouvoir central se place surtout au point de vue de l'intérêt public : 1º La continuation de la grève aurait pour résultat la disparition de l'imprimerie lyonnaise et peut-être son transfert hors de France ; 2º les compagnons se sont mis en état de rébellion et troublent l'ordre public. Aussi le roi ratifie pleinement, dans toutes ses parties, la sentence et ordonnance du sénéchal, et en prescrit l'exécution immédiate, nonobstant tous appels et oppositions. En second lieu, le roi organise contre les délits commis ou à commettre par les compagnons une procédure particulière. Toutes les informations commencées par la justice ordinaire pour monopoles ou violences seront remises entre les mains du sénéchal, qui procédera contre les délinquants par ajournements personnels. Il pourra les condamner non seulement à la prison et au bannissement, mais même à la torture et à la peine capitale. Dans ces deux derniers cas, il devra juger avec le concours de « notables personnages, avocats ou autres, expérimentés en fait de judicature », au nombre de six pour les sentences de torture, de dix pour les sentences définitives (1). Les jugements ainsi rendus seront exécutoires sans appel.

On voit avec quelle dureté le pouvoir royal intervenait dans le conflit. C'est dans ce même mois d'août 1539, à une date que nous ne pouvons fixer avec précision, que fut signée la célèbre ordonnance dite de Villers-Cotterets. Il est difficile de ne pas établir une relation entre cette ordonnance organique et les lettres du 21 août, datées de la même résidence. Celles-ci retiraient le droit de coalition aux imprimeurs lyonnais, celle-là édicte une série de dispositions générales (art. 186-191) qui suppriment complètement ce droit dans tout le royaume. Dans les deux mois qui suivront la promulgation de l'ordonnance, les chefs des confréries devront remettre aux juges royaux tous les objets et biens qui servaient au fonctionnement de ces associations, et dorénavant il est défendu aux ouvriers « de ne faire aucunes congrégations ou assemblées grandes ou petites et pour quelque cause ou occasion que ce soit, ni faire aucuns monopoles et n'avoir ou prendre aucune intelligence les uns avec les autres du fait de leur métier, sur peine de confiscation de corps et de biens ».

---

(1) Juges « opinants », et non pas simplement assistants.

C'est déjà, dans toute sa rigueur, le système d'individualisme obligatoire qui sera établi par les assemblées révolutionnaires et qui durera jusqu'au rétablissement du droit de coalition. Il est bien vraisemblable que les évènements de Lyon n'ont pas été étrangers à cette décision royale. Par leur exceptionnelle gravité ils ont appelé sur ces questions l'attention de François Ier ; joints à d'autres incidents du même ordre (grèves des garçons boulangers à Paris, des imprimeurs, des bouchers, etc.), ils ont dû le déterminer à prendre cette mesure générale. — Remarquons cependant que le roi, dans sa sévérité, est du moins plus équitable que le sénéchal, car il supprime les confréries de patrons en même temps que les confréries d'ouvriers (1).

Ni les lettres du 21 août, confirmatives de la sentence du sénéchal, ni même l'ordonnance générale de Villers-Cotterets n'eurent d'ailleurs le pouvoir de rétablir l'ordre à Lyon, puisque le 29 septembre, de Compiègne, le roi fut obligé de donner de nouvelles lettres, presque identiques aux premières. En dépit des dispositions qui ordonnaient d'exécuter sans surséance les jugements du tribunal, les délinquants avaient interjeté appel au Parlement de Paris : un conflit de juridiction menaçait d'éclater entre la cour souveraine et le sénéchal. Aussi le roi, de nouveau et d'une façon plus impérative, donne-t-il à son lieutenant la commission d'informer, de procéder, d'instruire et de prononcer contre ceux qu'il trouvera « chargés et coupables desdites assemblées, monopoles, ports d'armes, meurtres, homicides, rébellions et désobéissance à justice », toujours avec l'assistance de six ou dix personnages. Les sentences de ce tribunal auront même autorité que « si c'était par arrêt de nous ou de l'une de nos cours de parlement », et il est interdit au Parlement et à toute autre juridiction de connaître de ces faits.

Dès lors on était vraiment autorisé à croire que toutes les résistances céderaient devant l'expression formelle de la volonté royale. C'était compter sans la ténacité des ouvriers à défendre leur droit, et aussi sans l'ardeur du Parlement de Paris à maintenir son autorité contre les empiètements des juridictions secondaires. Au mois de septembre et d'octobre 1540, le Parlement vint tenir des Grands Jours à Moulins (2); les ouvriers lyonnais, dont la confrérie subsistait

____

(1) Isambert, XII 2, p. 639 (art. 191).
(2) Voy. sur ces Grands Jours Papon, *Recueil d'Arrestz,*... p. 144, 172, 176.

sans doute encore au mépris des ordonnances, obtinrent de la Cour un arrêt qui rétablissait, en matière d'apprentissage, les anciennes règles corporatives : « les apprentis ne besogneront à composer et mettre les lettres, qu'ils n'aient demeuré trois ans apprentis ». Forts de cet arrêt, les compagnons poursuivirent en justice (nous ignorons par quel procédé, puisqu'ils n'avaient plus légalement d'existence collective) les maîtres qui ne voulaient pas s'y conformer, et voulurent les actionner en dommages-intérêts.

C'était pour ces derniers une véritable défaite ; peu leur importait maintenant d'enrôler de nouveaux apprentis, puisqu'ils ne pouvaient les employer à aucun travail utile. Aussi décidèrent-ils d'un commun accord de quitter Lyon et de se retirer à Vienne. Soit dit en passant, ce projet d'exode prouve que, pas plus que les ouvriers, ils ne s'étaient conformés à l'ordonnance de Villers-Cotterets, et qu'ils continuaient « à prendre intelligence les uns avec les autres du fait de leur métier ». — Le 10 novembre, le Consulat averti de leur décision, résolut d'éviter à tout prix la disparition d'une industrie qui enrichissait la ville. Avec moins de sans-gêne encore que le pouvoir central, l'autorité municipale intervient ouvertement dans ce conflit économique. Elle ne songe même pas à dissimuler sa partialité, puisqu'elle décide qu'au prochain consulat seront mandés les maîtres imprimeurs, avec lesquels on avisera en commun. Dès la première conférence, qui eut lieu le 16, le consulat promit de les aider « à faire les remontrances nécessaires pour avoir provision du Roi au contraire de l'arrêt dernièrement donné aux grands jours de Moulins » ; il leur proposa d'envoyer en cour un agent de la ville qui négocierait de concert avec le représentant de la maîtrise. — Le 24, Jean de Cambray, agissant au nom de ses collègues et après entente avec les libraires, offrit de payer la moitié des frais qu'occasionnerait la réformation de l'arrêt, à condition que le consulat en fît autant de son côté. Enfin on décida d'envoyer, pour la ville, Pierre Granier, fils du secrétaire communal, et, pour les imprimeurs et libraires, Hector Pernet. Tous deux étaient à la cour le 17 décembre 1540.

Alors commencèrent d'interminables négociations qui devaient durer une année entière, et dont le détail ne nous est un peu connu que par les mentions des registres consulaires relatives aux lettres de Pierre Granier. On lui envoie un certificat établissant que « par faute d'apprentis ou compagnons plusieurs maîtres des métiers cessent en cette ville ». Mais tout va si lentement à la cour que, le 6 janvier, il réclame un nouveau délai (on ne l'avait d'abord commissionné que pour les mois de décembre et janvier) et de l'argent. On proroge ses pouvoirs d'un mois « attendu qu'il mande que l'affaire est sur le point de la vuidange ».

Hélas ! elle en était bien loin, si loin que les consuls eux-mêmes commençaient à s'en désintéresser. Ils avaient bien d'autres soucis. Lyon était menacée d'être frappée par l'imposition foraine, ce qui eût gravement compromis sa situation de grande place de commerce. Pierre Granier est chargé de suivre cette affaire concurremment avec l'autre, et de plus en plus il est visible que la ville et son mandataire font passer la question de la taxe avant celle des apprentis imprimeurs. Le 9 mars, on lui adjoint deux autres délégués, mais qui doivent s'occuper uniquement de l'imposition foraine. Il envoie bien, de Blois, en mars et en juin, deux lettres « faisant mention de ce qu'il a fait touchant les imprimeurs », mais les secrétaires ne songent même pas à les analyser.

Enfin, le 30 juin, il rentre à Lyon et fait un rapport général sur sa mission. Ce rapport n'est guère satisfaisant, car de nouvelles difficultés se sont produites. Pernet et lui avaient obtenu du chancelier un édit permettant aux maîtres de « faire et tenir des apprentis autant qu'ils voudraient et pourraient mettre en œuvre ». Mais alors intervinrent les maîtres-imprimeurs parisiens qui avaient eu, eux aussi, à souffrir d'une grève, et qui s'étaient vu opposer l'arrêt de Moulins ; ils réclamèrent pour eux le privilège qu'on accordait à leurs confrères lyonnais. Le chancelier décida alors de renvoyer maîtres et ouvriers parisiens devant le lieutenant civil et d'attendre l'avis de ce dernier pour statuer définitivement sur la requête des Lyonnais.

C'était un ajournement qui menaçait d'être indéfini. D'autre part, le consulat était fatigué de suivre cette affaire. Avant même que rien fût terminé, il avait déjà des difficultés avec les imprimeurs pour le règlement des frais. Cependant Granier fut renvoyé à la cour, où il se trouvait le 16 septembre 1541 « pour les affaires des imprimeurs », et il y était encore le 1er décembre 1542. Mais ces « affaires des imprimeurs » paraissent n'avoir tenu dès lors qu'une place fort restreinte dans ses préoccupations, car il n'en est plus une seule fois fait mention dans les registres consulaires, où cependant ses lettres sont mentionnées ou analysées.

Il n'en est pas moins vrai que ses efforts — ou ceux d'Hector Pernet — obtinrent un entier succès. Un édit du 28 décembre 1541, enregistré à Lyon le 12 avril de l'année suivante, trancha souverainement toutes les questions pendantes.

Le préambule déclare que cet édit est rendu à la requête et à « l'humble supplication de nos chers et bien aimés les consuls, échevins, manants et habitants » de Lyon, et à celles des typographes. Il est fait allusion aux procédures et arrêts du Parlement, et au règlement de la grève analogue survenue à Paris, « où aussi les serviteurs et compagnons imprimeurs faisaient tout de même que ceux-ci, s'étant élevés contre les maîtres, avec telles occasions que dessus ». C'est même le règlement de la grève parisienne qui va servir de modèle à celui du *tric* lyonnais, « de mot à mot, mué ce qui faisait à muer (1) ».

L'édit, contrairement à l'arrêt de Moulins, supprime toutes les restrictions apportées au nombre et au travail des apprentis. Il reproduit toutes les sentences, lettres et ordonnances antérieures, mais avec plus de dureté encore. Il confirme l'interdiction du *tric*, des coalitions et des assemblées de plus de cinq personnes, même des cotisations pour messes et banquets, du chômage des vigiles et du travail des fêtes, l'autorisation donnée aux maîtres de distribuer, en cas de hâte, une partie de l'ouvrage à des ouvriers nouveaux. Sur la question des aliments, au lieu de fixer, comme le sénéchal, une année-type à laquelle on devra se référer, il se contente de dire vaguement que la nourriture devra être fournie « raisonnablement et suffisamment... comme on a fait de coutume louable », en maintenant cependant aux compagnons le droit de recourir au sénéchal. Pour les gages, l'ordonnance n'en fixe pas le taux. Sur cette double question, le roi donne même complètement tort aux ouvriers, qu'il accuse de s'être « bandés ensemble pour contraindre les maîtres imprimeurs de leur fournir plus gros gages et nourriture plus opulente *que par la coutume ancienne ils n'ont jamais eus* ». Le roi est aussi plus dur et plus net que le sénéchal sur les questions de départ et de renvoi, car le compagnon ne peut quitter son travail sans prévenir huit jours à l'avance, tandis que le maître a le droit absolu de le congédier s'il est « de mauvaise vie, comme mutin, blasphémateur du nom de Dieu, ou qu'il ne fasse son devoir.... ». — Ces règles sont étendues à la corporation des fondeurs de caractères,

______

(1) Comparer à ces dispositions celles du *Règlement de l'Imprimerie de Lyon*, 1696, qui limite le nombre des apprentis, et laisse huit jours aux ouvriers renvoyés.

considérée comme solidaire de l'art d'imprimerie. Pour ces derniers, l'édit va jusqu'à fixer législativement la durée de la journée de travail : elle doit commencer à cinq heures du matin pour finir à huit heures du soir, ce qui fait au moins treize heures de travail effectif ; nous ignorons si les imprimeurs étaient assujettis à un aussi long travail (1).

Ces mesures draconiennes ne furent pas appliquées sans quelque difficulté, puisque nous rencontrons encore, à la date du 19 juillet 1542, des « lettres-patentes portant commission au sénéchal de Lyon pour l'exécution de l'édit du 28 décembre 1541 », et même un arrêt du Conseil du 11 septembre 1544 (2). Cependant il paraît bien que le *tric* se termina par la défaite des ouvriers typographes de Lyon. Une ordonnance de Charles IX (10 septembre 1572) adoucira sur quelques points les prescriptions de 1541 ; mais l'essentiel en passera dans le *Règlement* du xviie siècle.

Le récit que nous avons fait de cette lutte, et qui s'appuie uniquement sur des documents officiels, étonnera peut-être ceux qui se font une image idyllique des relations entre le capital et le travail il y a trois siècles et demi. Malgré les changements considérables que notre temps a vu se produire dans la constitution de la société et dans les conditions de l'industrie, les intérêts, les passions, les moyens d'action étaient à très peu près les mêmes ; c'est surtout le langage qui a varié. Si l'on prenait la peine d'étudier quelques mouvements analogues à celui de 1539, on s'apercevrait sans doute que les conflits entre patrons et ouvriers n'étaient pas rares, qu'ils acquéraient vite une intensité, une âpreté extrêmes, et qu'ils dégénéraient très facilement en désordres publics. Dans ces conflits la victoire restait généralement aux patrons, non pas seulement parce que les confréries d'ouvriers étaient trop pauvres encore pour pouvoir à la fois mener la lutte contre les maîtres et nourrir leurs familles pendant le chômage, mais aussi parce qu'une puissance supérieure ne tardait pas à intervenir en faveur de leurs adversaires. Dans une grève, la commune voyait exclusivement le dommage que la cessation d'une

---

(1) Cet édit est cité dans Fontainon, IV, p. 467-69 et dans Isambert, XII 2, p. 763-766. Il existe en copie dans le registre des insinuations pour 1540, conservé aux *Archives du Rhône*. C'est le seul document relatif à cette question que j'aie pu, aidé par l'obligeance de M. Guigue, découvrir dans ce dépôt.

(2) Fontanon, *ibid.*, p. 469 et 470. Les ouvriers avaient présenté requête au Conseil privé le 2 septembre 1542. Le roi évoqua l'affaire le 7 janv. 1543.

industrie florissante apporterait à la cité; tout naturellement elle se
tournait contre les chômeurs, sans trop examiner les raisons du
chômage; ajoutez qu'au xvie siècle le pouvoir communal se recru-
tait surtout parmi les maîtres de métiers, qu'à Lyon les maîtres
étaient seuls chargés de l'élection des consuls, et que tous les nom-
bres de cette oligarchie étaient solidaires les uns des autres. Quant
à l'État, il était loin de respecter la stricte neutralité que l'on consi-
dère aujourd'hui comme son plus essentiel devoir. La royauté du
xvie siècle était un pouvoir avide d'action, qui prétendait enserrer
toutes choses dans le domaine où s'exerçait son envahissante éner-
gie. Il ne se contentait pas de réprimer les troubles. Il intervenait
arbitrairement dans le conflit, modifiait les contrats de travail,
édictait des règlements d'atelier. S'inspirant uniquement de son
propre intérêt et n'ayant d'autre souci que de maintenir prospères
les industries qui faisaient sa force, tantôt il invoquait les lois du
vieux régime corporatif, tantôt il les détruisait sans hésitation, suivant qu'elles étaient ou non favorables aux auteurs du chômage.
En vertu de son droit, qu'il considérait comme supérieur à tous les
droits, il tranchait souverainement toutes les questions débattues,
et mettait au service de l'une des deux parties en présence le poids
écrasant de son autorité.

DOCUMENTS ANNEXES (1).

I

*Sentence dudit sénéchal donnée entre les dits maîtres et compagnons
imprimeurs et sur leur manière de vivre.*

Jehan du Peyrat, docteur ès droits, lieutenant général pour le roi
en la sénéchaussée de Lyon, savoir faisons à tous présens et à venir
que, sur le différent étant entre monsr le procureur du Roy nostre
sire en lad. Sénée par l'intérêt de justice d'une part; — Et maître
Pierre Dumont, Roboan Dominicque Germer (?), Barthelemy Lamy,
Pierre Chamanier, Simon de Vunsy et leurs consorts, compagnons
imprimeurs et besoignans en l'art de l'imprimerie dudict Lion; —

---

(1) Je dois des remerciements tout particuliers à M. l'Archiviste de la Ville
de Lyon.

D'autre aussi Jehan de Molins dit de Cambray, Bastien Griffius,
Denys de Harcy, George Regnaud, Jehan Barbe, Thibaud Païen,
Macé Bonhomme, Jehan Crespin, Jacques Myt, Hector Pernet et les
autres leurs consorts, maîtres imprimeurs et tenans boutiques et
maisons d'imprimerie aud. Lion ; — D'autre sur ce que led. procureur du Roy disoit que puis trois ou quatre mois en çà lesd. compagnons imprimeurs se seraient débauchés et auraient laissé et discontinué led. train d'imprimerie, et par manière de monopole tous
ensemble auraient laissé leur besogne et débauché grand nombre
des autres compagnons et apprentis, les menaçant de battre et
mutiler s'ils besoignaient et ne laissaient lad. œuvre et imprimerie
comme eux ; tellement que led. art d'imprimerie serait laissé et discontinué puis quatre mois en ça, et est en doute d'être de tout aboli,
au grand dommage et détriment de la chose publique, attendu que
c'était un de (s) beaux trains et manufactures de ce Royaume, voire
de chrétienté, qui a coûté beaucoup à l'attraire et faire venir en
cested. ville ; et seraient lesd. compagnons imprimeurs et apprentis
vagants et comme vagabonds parmi cested. ville de Lyon jour et
nuict, la plupart d'eux portants épées et bâtons invasibles et faisants
plusieurs excès contre lesd. maîtres et autres, ainsi que disait et
maintenait et disait (*sic*) mond. s^r. le procureur du Roi, qui disait
davantage que lesd. compagnons sont monopolés et font serments
et promesses illicites, entre autres de cesser œuvre quand l'un d'eux
veut cesser, et ne besoigner si tous n'en sont d'accord ; et que pis,
souvent se sont rebellés contre justice et les sergents et officiers
d'icelle, ont battu le prévôt et sergents jusques à mutilation et effusion de sang ; et y a innumérables informations et décrets de justice
à les prendre au corps, ce que on (t) ne peut faire ni exécuter à
cause de leurs monopoles et qu'ils se trouvent forts : dont plusieurs
en auraient esté emprisonnés et en seraient encore en procès, requérant sur ce être pourvu. A quoi les compagnons disaient que de ce
qu'ils s'étaient discontinué et auraient laissé lad. œuvre et imprimerie, ce aurait été par la faute et coulpe desd. maîtres, et non d'iceux
compagnons : car iceux maîtres ne les veulent nourrir ainsi qu'il
appartient et qu'il est accoutumé et ne leur veullent bailler à besoigner, ne ouvrir les poêles et boutiques pour besoigner ; et s'il y a
aucuns particuliers qui aient malversé, qu'ils soient punis, et non
ceux qui n'en peuvent mais, disants qu'ilz sont prêts à travailler et
faire leur devoir, en les nourrissant et payant les gages accoutumés.
Et lesd. maistres disoient qu'il en a partie desd. compagnons qui

voudraient faire leur devoir et besoigner, mais il en a d'aucuns que l'on ne peut cont(ent)er de nourriture, soit en vin, pain, pitance, et qu'ils veulent faire la fête d'un jour ouvrier et besoigner aux jours des fêtes, tellement quand un ou deux laissent l'œuvre, aussi font tous les autres par quelques paches et serments qu'ils ont ensemble, et ceux qui ne voudraient laisser l'œuvre avec les débauchés, ils seraient battus et mutilés. Et pour les cuider contenter, iceux maîtres auraient offert payer, à savoir aux compositeurs six sols six deniers tournois pour chacun jour ouvrable pour leurs gages et dépense, afin que iceux compagnons fissent lad. dépense à leur plaisir et qu'ils eussent matière de besoigner. Et à ce repliquaient iceux compagnons, et disaient qu'ils sont contraints vivre ensemble en la maison du maître; car d'aller vivre çà et là en leurs chambres ou par tavernes ne viendrait à propos, pour ce qu'il convient l'art de l'impression et imprimerie besoigner et commencer l'un quant l'autre et par ensemble; car si l'un ou deux fait absence, convient que l'œuvre cesse; et allants boire et manger hors la maison dud. maître, l'un viendrait tôt et l'autre tard, et si leur serait donné occasion d'eux débaucher, allants ainsi vivre par tavernes.

Seraient aussi venus par devers nous honorables hommes Jehan Doulhon (*et un blanc de six lignes*), conducteurs et ayants .. principale charge et conduite de la grand aumône dud. Lion, qui nous auraient remontré que puis trois ou quatre mois en çà que lad. imprimerie cesse, plusieurs femmes et enfants desd. compagnons imprimeurs seraient venu requérir leur bailler l'aumône, disants qu'ils meurent de faim par faute que lesd. compagnons imprimeurs, leurs maris, pères desd. enfants, ne besoignent, et qu'ils ne besoignent à l'imprimerie et ne gagnent rien : dont lad. grand aumône est par tant chargée qu'elle ne le peut plus supporter, requérants y être pourvu;

Après ce qu'avons bien et à plain ouï lesd. parties en tout ce qu'ils ont voulu dire et remontrer, eu sur ce mûre délibération avec le consulat et conseillers de lad. ville, et autres notables et savants personnages;

Avons ordonné..., et défendons auxd. compagnons et apprentis d'icelle imprimerie de ne faire aucuns serments ne monopoles ne eux assembler hors les maisons et poêles de leurs maîtres en plus grand nombre de cinq sans congé et autorité de justice, sur peine d'être emprisonnés, bannis, punis comme monopoleurs, et autre amendes arbitraires.

Aussi lesd. compagnons, de ne battre ou menacer lesd. apprentis, ains les laisser besoigner à la volonté et discrétion du maître sur la peine que dessus.

Item, iceux compagnons ne porteront aucunes épées, poignards ne bâtons invasibles ès maisons de leurs maîtres ne en l'imprimerie ne par lad. ville, sur peine que dessus.

Item..., que lesd. maîtres fassent et puissent faire et prendre autant d'apprentis que bon leur semblera, et défenses faites auxd. compagnons de ne les empêcher ne iceux battre ne menacer. Ains seront iceux apprentis à la correction des maîtres.

Item.... lesd. maîtres fourniront lesd. compagnons les gages et salaires pour chacun mois accoutumés respectivement et les nourriront, et leur fourniront la dépense de bouche raisonnablement, honnêtement, selon leur qualité, en pain, vin et. pitance, eu regard à ce qu'on leur fournissait auparavant cinq ou six ans der^{nt} passés, et sans avoir regard à ce qu'ils se sont fait nourrir et fournir puis quatre ou cinq ans en ça.

Item, s'il y a aucune plainte de vin, pain ou pitance, il sera communiqué auxd. notables gouverneurs et qui ont la charge et superintendance de lad. aumône generale, lesquels verront et visiteront lesd. pain, vin et pitance et entendront lesd. différends pour les rapporter à justice, afin d'y pourvoir et ordonner comme de raison.

Item, les gages et dépenses se fourniront et commenceront quand la presse commencera et finiront quand la presse cessera ; laquelle presse ne finira et ne pourront laisser, que l'œuvre commencée ne soit parachevée.

Item, lesd. comp. continueront l'œuvre commencée et ne la laiseront quelle ne soit parachevée et ne feront aucun *tric*, ne jour pour jour ; et s'ils font perdre forme ne journée aux maîtres, seront tenus en rembourser le maître, sans comprendre l'étoffe. Aussi les maîtres entretiendront les compagnons durant l'œuvre qu'ils auront commencée et ne les pourront durant icelle envoyer, en faisant par lesd. compagnons leur devoir.

Item, si aucun compagnon tombe malade et qu'il laisse l'œuvre, le maître en pourra mettre un autre en sa place tel que bon lui semblera, suffisant. Et celui qui se parforcera mutiner une maison ou les autres compagnons, sera puni par justice comme de raison.

Item, si le marchand à qui sera l'ouvrage veut avoir plus hâtivement l'œuvre qu'elle ne se pourrait faire par ceulx que l'auront commencée, le maître en pourra bailler partie à d'autres imprimeurs, et néanmoins lesd. compagnons ne lairront icelle œuvre qu'elle ne soit parachevée par eux ou par lesd. autres.

Item, lesd. compagnons feront et paracheveront les journées aux vigiles des fêtes sans laisser pour faire ne besoigner lesd. fêtes, ains cesseront les fêtes commandées; auxquels jours des fêtes les maîtres ne seront tenus ouvrir l'imprimerie pour besoigner, si ce n'était pour faire quelque chose préparative et légère pour le lendemain.

Item, iceux compagnons ne feront fêtes pour baptisés ne mortuaires, si n'est que ce fût pour le maître ou maîtresse, et ne cesseront ne lairront l'œuvre pour autres.

Et à ce que dessus avons condamné et condamnons respectivement lesd. parties, tous dépens, dommages et intérêts par ci devant faits pour les causes que dessus compensés, et pour cause... A Lyon..., le dernier jour de juillet, l'an mil cinq cents trente neuf. Ainsi signé: CROPPET.

Arch. communales de Lyon. AA 151 (Reg.) f°s 69-70. Copie du temps.

II.

Lettres royaulx pour exécuter la sentence de Monsgr le sénéchal de Lyon, donnée entre les maîtres imprimeurs de Lyon et les compagnons imprimeurs sur leurs différends, nonobstant oppositions et appellations quelconques.

Françoys..., à notre sénéchal de Lyon ou son lieutenant. Notre procureur en notre sénéchaussée de Lyon nous a fait dire et remontrer que puis quatre ou cinq mois en ça l'art et train d'imprimerie serait cessé et discontinué en notred. ville de Lyon, en laquelle auparavant led. train y était le plus grand et le plus beau qui fût en notre royaume, et auquel train et d'icelui plusieurs pauvres gens et compagnons gagnaient honnêtement leurs vies, qui à présent sont contraints à mendier, au grand détriment de la chose publique, dommage et dépopulement de notred. ville, procédant lad. discontinuation par la coulpe et malice d'aucuns compagnons mal vivans qui se sont monopolés et fait entre eux promesses et sermens illicites et monopoleux, et entre autres que le premier qui cesserait tous les autres cesseraient, aultrement seraient battus et mutilés et jetés de leur compagnie; et auraient fait entre eux capp^{nes}, lieuten., chefs de bandes et autres, comme si étaient gens de nos

guerres et ordonnances, portants épées et bâtons invasibles de jour
et nuit en lad. ville contre nos statuts et édits, allant en bandes et
eux tenant par grosses sectes et nombre, en telle force que les sergents et officiers de justice ne peuvent jouir pour exécuter contre
eux les ajournements personnels et prise de corps décrétées par
justice; et si ont battu et mutilé les prévôts ou sergents de notre
justice ordinaire, sans que punition en ait pu être faite, obstants
leursd. monopoles et forces; et souvent ont couru sus aux sergents
faisant le guet de nuit par notred. ville, tellement qu'ils ne l'osent
plus faire, doutants estre offensés par lesd. imprimeurs.

Et combien que vous, avec l'avis des conseillers du consulat et
aucuns notables personnages savants de lad. ville, pour donner ordre
de vivre entre les maîtres imprimeurs et lesd. compagnons, après avoir
ouï et entendu lesd. m^es et compagnons, auriez fait ordonnance et
sentence du dernier jour de juillet dernier passé, laquelle nous auriez
envoyée et à nostre conseil privé, et différé l'exécution d'icelles jusques en auriez su notre vouloir et intention :

Savoir faisons que nous, desirants led. train d'imprimerie être
repris, entretenu et continué en notrd. ville de Lyon, à ce qu'il ne soit
transféré ailleurs, mêmement-hors notred. Roy^me, ce qui se pourrait
faire s'il n'y était promptement pourvu, aussi que tels monopoles,
port d'armes et excès aient à cesser; après ce qu'avons vu et fait
voir par notred. conseil privé de votred. ordonuance et sentence,
avons voulu et déclaré, v. et d. par ces presentes et nous plait que
votred. sentence et ordonnance, attachée sous le contre-scel de notre
chancelier, vous mettez et faites mettre à due et entière exécution
de point en point selon la formule et teneur, en contraignant à icelle
ensuivre et observer tous ceux qu'il appartiendra et pour ce seront
à contraindre par toutes voies et manières dues et en tels cas accou-
tumées, nonobstant oppositions ou appellations faites ou à faire et
sans préjudice d'icelles, pour lesquelles ne voulons estre différé.
Et ce par provision et jusques autrement en soit ordonné. Et au sur-
plus repris et remis par devers vous et en vos mains toutes et chacunes
les charges et informations faites et à faire tant par nous que par
nos officiers de la juridiction ordinaire contre lesd. compagnons
imprimeurs et leurs consorts mal vivants et monopoleurs des bat-
tures, menaces, excès, aggressions, tant sur les m^es et apprentis de
l'imprimerie, sur lesd. prévôts, sergents que autres, procédez contre
les coupables extraordinairement par ajournements personnels, ban-
nissements de leurs personnes et autrement ainsi que verrez à être

faire et que les cas le requerront, jusques à sentence de torture et définiture si besoin est; en appelant toutefois avec vous pour l'exécution des sentences de torture six notables personnages, avocats ou autres expérimentés en fait de judicature, et pour la définiture et exécution d'icelle dix personnages avec vous de la qualité dessusd. Auquel cas nous voulons les sentences par vous ainsi données et signées des dessusd. être mises à exécution, nonobstant appellations quelconques. Car ainsi voulons il être fait. Donné à Villers-Cousterey, le xxi jour d'août l'an de grâce mil cinq cent trente neuf et de notre regne le vingtcinquième. Ainsi signé : Par le Roy en son conseil BOCHETEL.

Ibid. f° 67 et v°. Copie du temps.

III

Lettres pour procéder contre les compagnons imprimeurs et autres mal vivants, monopolés et portants bâtons et armes, en dernier ressort jusques à torture, appelés six assesseurs, et à définitive, appelé dix assesseurs, et exécution nonobstant oppositions ou appellations.

[*Rappel des lettres ci-dessus*]... Néantmoins lesd. délinquants ont interjeté et relevé certaine appellation de notre cour de parlement; après et sous ombre d'icelle s'efforcent empêcher vos procédures, au grand intérêt de nous, de justice et de la chose publique, requérant notred. procureur sur ce notre provision et remède convenable. Pour ce est il que nous, ces choses considérants, voulons telles assemblées illicites, monopoles, meurtres, homicides, rébellions et désobéissances en justice, être promptement corrigées et réprimées à ce qu'ils ne pullulent en notre royaulme; vous mandons et commettons par ces présentes que contre ceulx qui par information dûment faicte ou à faire ou aultrement dûement *trouverez chargés et coupables desd. assemblées, monopoles, ports d'armes, meurtres, homicides, rebellions et desobéissances en justice, procédez ou faites procéder par prise de corps* (1), saisissement de biens, ajournements personnels par devant vous à trois briefs jours, sur peine de banissement de nostre Royaume, de confiscation de corps et de biens, et

---

(1) Ceci est souligné.

d'être atteints et convaincus desd. cas et crimes et leurs procès faits et parfaits jusques en définitive ou de torture, si la matière y est disposée; convoqués et assistants avec vous de nos officiers et avocats fameux, docteurs et gens de loyaulté, licenciature?, cons-cience et expérience, non suspects ne favorables en cette partie à vos sentences et jugements [*reproduit les dispositions des lettres du 21 août*]... Autorisées [*les sentences*] et autorisons tout aussi que si c'était par arrêt de nous ou de l'une de nos cours de parlement; et de ce déchargé et déchargeons vous et lesd. oppinants, le tout de notre certaine science, plaine puissance et autorité royal; et auxquels de notred. cour de parlement et à tous autres, fors que à vous et à ceux qui à ce seront par vous convoqué, nous en avons interdit et défendu, i. et d. toute cour, juridiction et connaissance par cesd. pré-sentes... Donné à Compiègne, ce xxix° jour de septembre, l'an de grâce mil cinq cent trente neuf et de nostre règne le vingtcinquième. Ainsi signé : Par le Roy en conseil BOCHETEL.

Ibid. f°s 67 v° et 68. Copie du temps.

IV

Analyses et Extraits des Actes consulaires de la Ville de Lyon. BB. 58, reg. d'expéditions, f° 115. — 10 nov. 1540 : « Pour ce que l'on dit que les maîtres imprimeurs de cette ville se veulent retirer à Vienne, à cause de quelque différend et procès qu'ils ont avec les compagnons d'icelle imprimerie; qui serait un gros dommage à cette ville de perdre une si belle chose qui est led. art de l'imprimerie, qui est le plus beau et plus grand en cette ville qu'il soit en la chré-tienté, où grand partie du peuple gagne honnètement sa vie. A été ordonné mander lesd. maîtres imprimeurs au prochain consulat pour aviser avec eux si l'on les pourra détourner qu'ils ne s'en voi-sent, et qu'ils demeurent. »

Ibid. f° 116, 16 nov. « Les maîtres imprimeurs ont été mandés et sont venus, esquels a été remontré qu'il est bruit qu'ils se reti-rent à Vienne à cause des procès et questions qu'ils ont avec les compagnons imprimeurs, et leur a été remontré qu'ils ne s'en doi-vent aller et que le consulat les aidera à faire les remontrances né-cessaires pour avoir provision du Roi au contraire de l'arrêt dernniè-rement donné aux grands jours de Molins dernièrement tenus ; ce que le consulat offre faire avec eux s'ils se veulent aider de leur côté et envoyer un personnage en cour pour en faire la poursuite ; qui ont dit qu'ils aviseront et viendront jeudi dire leur avis et ce qu'ils pourront faire. »

Ibid. f° 117 v°. 24 nov. : « Jehan de Cambray et autres maîtres imprimeurs de cette ville sont venus rendre réponse de ce que leur fut dernièrement dit au consulat de mardy. Et ont dit qu'ils ont avisé avec mess^rs les libraires qu'ils pourront eux aider et fournir la moitié des frais qu'il conviendra faire doresnavant contre les compagnons imprimeurs pour faire réformer un article de l'arrêt donné aux grands jours de Molins, faisant mention que les apprentis ne besoigneront à composer et mettre les lettres qu'ils n'aient demeuré trois ans apprentis, qui est chose si contraire à lad. imprimerie que lesd. maîtres ne sauraient servir ne demeurer en cette ville si cet article n'était corrigé. Parquoi ont prié le consulat y pourvoir, car ils ne peuvent plus supporter ce faix. »

Ibid. f°ˢ 118 v° et 119. 25 nov. : Conférence « avecques les libraires et maîtres imprimeurs, qui se sont accordés vouloir payer la moitié des frais qui se feront ci après pour faire réprimer un article..., en fournissant la moitié par le consulat. A quoi le consulat s'est accordé. Ont ordonné d'y envoyer m° Pierre Granier, fils du secrétaire, aux gages accoutumés de trente cinq sols par jour pour ses dépens et vacations et pour les mois de décembre et janvier prochains... »

Ibid. f° 130. 30 déc. : Réception de « deux paires de lettres de m° P. Granier », des 17 et 28 déc., « faisants mention qu'il a consulté la matière des imprimeurs et trouvé, quant à certains dépens que les compagnons demandent contre les maîtres, il n'y a aucuns dépens pour les causes contenues esd. lettres ; et quand au principal, qu'il convient luy envoyer attestations des gens notables sur ce que, par faulte d'apprentis ou compagnons, plusieurs maîtres des métiers cessent en cette ville... »

Ibid. f° 134. 6 janv. 1541 (n. st.). A la demande de Granier, sa mission est prolongée d'un mois, « attendu qu'il mande que l'affaire est sur le point de la vuidange ».

Ibid. f° 137 v°. 10 fév. Nouvelle lettre de P. G. Mais les consuls ne sont pas en nombre pour en prendre connaissance.

Ibid. f° 140. 17 fév. Les consuls écrivent à P. G. au sujet de l'imposition foraine.

Ibid. f° 147. 8 mars. Nouvelle lettre des consuls à P. G.

Ibid. f° 148. 9 mars. Réception d'une réponse du P. G. Envoi de deux autres mandataires.

Ibid. f° 150. 29 mars. Réception d'une lettre de P. G., de Blois.

Ibid. f° 173. 24 juin. Nouvelle lettre de P. G., non analysée.

Ibid. f° 176. 30 juin : « Maître P. Granier, revenu de son voyage de cour, est venu faire son rapport, à savoir, disant que dès qu'il fut en cour, il et Hector Pernet, m⁰ imprimeur, poursuivirent avoir déclaration du Roy, selon les mémoires, pour et afin que les maîtres imprimeurs de cette ville pussent faire et tenir des apprentis autant qu'ils voudraient et pourraient mettre en œuvre ; ce que leur fut octroyé et accordé par édit octroyé et corrigé par monseigneur le chancelier. Néantmoins survinrent les mᵉˢ imprimeurs de Paris, qui baillèrent requête pour eux tendant à semblables fins. Parquoi mond. sgʳ le chancelier, après plusieurs remontrances et plaidoieries, les avait renvoyés par devant le lieutenant civil de Paris, pour ouïr les mᵉˢ et compagnons imprimeurs de Paris, pour lui renvoyer son avis et sur icelui y ordonner. Et depuis n'y avait esté fait ny ordonné autre chose. »

Ibid. f° 181. 14 juillet. Règlement des frais.

Ibid. f° 199. 16 sept. Granier est de nouveau en cour.

B. B. 59 (*Reg. de procès-verbaux des séances*), *f° 138, 27 déc. ; ibid. f° 279, 12 juill. 1542 ; f° 315 v°, 1ᵉʳ déc. 1542, et passim :* mentions de la présence en cour de P. Granier.